Matthias Fiedler

Gagasan pancocogan real estate inovatif: Pagawean sedherhana agen real estate

Pancocogan real estate: Bisnis broker real estate sing efisien, sedherhana, lan profesional liwat portal pancocogan real estate kang inovatif

Imprint

Edisi 1 minangka buku cetak | Februari 2017
(Asale diterbitake ing Jerman, Desember 2016)

© 2016 Matthias Fiedler

Matthias Fiedler
Erika-von-Brockdorff-Street 19
41352 Panggonan: Korschenbroich
Jerman
www.matthiasfiedler.net

Prodhuksi lan pencetakan:
Ndeleng kesan ing kaca pungkasan

Desain sampul: Matthias Fiedler
Sing nggawe e-book: Matthias Fiedler

ISBN-13 (Paperback): 978-3-947082-90-2
ISBN-13 (E-Book mobi): 978-3-947082-91-9
ISBN-13 (E-Book epub): 978-3-947082-92-6

Katrangan bibliografi Perpustakaan Nasional Jerman:
Perpustakaan Nasional Jerman nerbitake publikasi iki ing
bibliografi Nasional Jerman; Rincian data bibliografi kasedhiya
ing Internet ing http://dnb.d-nb.de.

ISI

Buku iki njelasake konsep revolusioner portal pancocogan real estate sak ndunya (app - aplikasi) nganggo pangitungan potensi turnover sing bisa dipertimbangake (miliar Euro), sing digabungake ing sajrone prangkat lunak broker real estate kalebu penilaian real estate (triliun potensi turnover Euro).

Iki artine real estate perumahan lan komersial, digunakake utawa disewakake, bisa disampekake kanthi efisien lan hemat wektu. Cara iki dadi masa depane agen real estate inovatif lan profesional kanggo kabeh broker real estate lan pihak kang nduweni properti. Karya pancocogan real estate iki cocog kanggo kabeh negara lan malah lintas negara.

Tinimbang „nggowo" properti menyang pihak kang tuku utawa kang nyewa, kasenengan real estate dikualifikasi (profil panggolekan) ing portal pancocogan real estate lan disambungake karo properti broker real estate.

DHAPTAR ISI

PAMBUKA

Ing taun 2011, aku wis ngrancang lan mbangun konsep pancocogan real estate inovatif iki.

Wiwit taun 1998, aku aktif ing bidhang real estate (kalebu real estate, adol lan tuku, penilaian, nyewakake lan ngembangake lemah). Aku ahli real estate (IHK), ahli ekonomi real estate (ADI), lan penilai real estate (DEKRA) uga anggota asosiasi real estate Royal Institution of Chartered Surveyors (MRICS) sing diakui internasional.

Matthias Fiedler
Korschenbroich, 31.10.2016
www.matthiasfiedler.net

1. Gagasan pancocogan real estate inovatif: Nyedherhanakake agen real estate

Pancocogan real estate: Bisnis broker real estate sing efisien, sedherhana, lan profesional liwat portal pancocogan real estate kang inovatif

Tinimbang adol "real estate" menyang pihak kang tuku utawa kang nyewa, kasenengan real restate (profil panggolekan) dicocogake lan disambungake menyang broker properti real estate supaya ditengahi ing portal pancocogan real estate (App - Aplikasi).

2. Tujuane kang nduwe real estate lan panyedhiya real estate

Saka pamikirane kang adol real estate lan tuan tanah, adol utawa nyewakake properti sampeyan kanthi cepet lan ing rega sak larange iku perkara sing penting.

Saka pamikirane kang tuku utawa calon sing nyewa, nemokake properti miturut karepe, uga tuku lan nyewa kanthi cepet lan gampang iku perkara sing penting.

3. Realisasi panggolekan real estate

Minangka aturan, calon investor nggoleki properti ing wilayah sing dikarepake ing portal real estate gedhe ing Internet. Ing kana sampeyan bisa nduweni real estate utawa dhaptar sesambungan menyang real estate sing dikirim liwat email, yen dheweke wis nggawe profil panggolekan singkat. Iki kerep dirampungake ing 2-3 portal real estate. Sabanjure, biasane panyedhiya diubungi liwat email. Cara iki menehi kamungkinan lan izin panyedhiya kanggo ngubungi pihak-pihak sing nduweni kapentingan.

Kajaba iku, pihak-pihak sing nduweni kapentingan dikontak karo agen real estate ing panggonan sing dikarepake lan profil panggolekan disimpen.

Panyedhiya portal real estate iku panyedhiya swasta lan komersial. Panyedhiya komersial iku utamane broker real estate lan perusahaan konstruksi parsial, pedagang real estate, lan perusahaan real estate liyane (ing teks iki, panyedhiya komersial diarani broker real estate).

4. Kerugian panyedhiya swasta / keuntungan broker real estate

Ing kasus real estate, pihak swasta kang adol ora mesti njamin cepet, amarga, contone, ora ana perjanjian antarane ahli waris ing kasus properti warisan utawa warisane ilang. Salajengipun, masalah ukum sing ora bisa dijelasake, kayata, hak manggon, bisa marai pihak kang adol luwih kangelan.

Ing kasus properti sing disewakake, tuan tanah swasta bisa ora nampa kewenangan resmi, contone, yen properti komersial (bangunan flat) disewakake minangka apartemen.

Nalika broker real estate tumindak minangka panyedhiya, biasane dheweke njelasake aspek-aspek iku. Kajaba iku, kabeh dokumen properti sing ana ubungane (rencana jogan, rencana panggonan, sertifikasi energi, pendhaptaran lemah, dokumen resmi, lan sak panunggale) kerep kasedhiya. Dadi, adol utawa nyewa bisa cepet lan tanpa ruwet.

5. Pancocogan Real Estate

Nawakake pendekatan sing sistematis lan profesional iku biasane penting, supaya cocog antarane calon pihak kang adol lan kang tuku utawa tuan tanah kanthi cepet lan efisien.

Perkara iki dirampungake kanthi pendekatan utawa prosedur sing beda kanggo njangko lan nemokake broker real estate lan calon pihak kang tuku. Ing istilah liyane, tinimbang adol „real estate" menyang pihak kang tuku utawa kang nyewa, kasenengan real estate dikualifikasi (profil panggolekan) ing portal pancocogan real estate lan disambungake karo properti broker real estate.

Ing langkah kapisan, calon pihak kang tuku nggoleki profil panggolekan nyata ing portal pancocogan real estate. Profil panggolekan iki isine kira-kira 20 karakteristik. Antarane, fitur ing isor iki (dudu dhaptar jangkep) penting tenan kanggo profil panggolekan.

- Wilayah / Kode pos / Kutha

- Jenis objek

- Ukuran properti

- Ruang panggonan

- Rega tuku / nyewa

- Taun mbangun

- Jogan

- Cacahe kamar

- Sewa (ya / ora)

- Gudhang isor lemah (ya / ora)

- Balkon / Teras (ya / ora)

- Jinis kanggo manasi

- Parkiran (ya / ora)

Ing perkara iki, penting ora nglebokake karakteristik kanthi bebas, nanging milih saka dhaptar kamungkinan/opsi sing wis ditamtokake sadurunge (conto, kanggo jinis objek: apartemen, omah, gudhang, kantor...) kanthi ngeklik utawa mbukak kolom fitur (conto, jinis objek).

Pilihan liyane, profil panggolekan liyane bisa digawe karo pihak-pihak sing duwe kapentingan. Owah-owahan profil panggolekan uga bisa ditindakake.

Sakliyane iku, rincian kontak sing komplet dilebokake ing sajrone kolom tartamtu karo pihak-pihak sing nduweni kapentingan. Rincian iki antarane, jeneng, jeneng ngarep, dalan, nomer omah, kode pos, kutha, telpon, lan email.
Ing konteks iki, pihak-pihak sing nduweni kapentingan menehi persetujuan kanggo ngubungi lan ngirim properti sing cocog (exposees) karo broker real estate.

Sakliyane iku, calon langganan melu kontrak karo operator portal pancocogan real estate.

Ing langkah sabanjure, profil panggolekan kasedhiya liwat antarmuka pemrograman aplikasi (API) - sing bisa dibandingake karo antarmuka pemrograman „open" ing Jerman - broker real estate sing kesambung, durung katon. Kudu dimangerteni yen antarmuka pemrograman iki - meh kabeh tombol menyang penerapan - ing prakteke kudu ndukung meh saben prangkat lunak broker utawa njamin transmisi. Yen ora, iki kudu bisa ditindakake kanthi teknis. Amarga wis ana antarmuka pemrograman, kaya antarmuka pemrograman sing wis disebutake ing dhuwur „openimmo" lan ing prakteke antarmuka pemrograman liyane, transmisi profil panggolekan kudu bisa ditindakake.

Saiki broker real estate mbandingake real estate dheweke karo profil panggolekan. Kanggo tujuan iki, properti iku digabungake ing sajrone portal pancocogan real estate lan karakteristike dicocogake uga disambungake.

Sawise iku cocog, sabanjure dicocogake karo persentase sing ana ubungane. Contone, saka pancocogan, 50% profil panggolekan ditampilake ing prangkat lunak broker real estate.

Saben karakteristik ditamtokake bobote (sistem poin) siji lan sijine, dadi sawise nyocogake karakteristik, asile persentase pancocogan (kamungkinan cocog). Contone, karakteristik „object type" ditamtokake luwih abot tinimbang karakteristik „living space". Sakliyane iku, fitur tartamtu (contone, ruang isor lemah) sing bisa dipilih kudu duwe properti iki.

Ing upayane nyocogake karakteristik kanggo pancocogan, kudu ati-ati menehi akses menyang broker mung menyang wilayah sing dikarepake (dipesen). Iki bisa ngurangi upaya sing dibutuhake kanggo nyocogake data. Utamane amarga saben broker real estate sifate kerep mung ing wilayah regional. Kudu diperhatekake yen sing diarani „cloud" iku saiki marai bisa nyimpen lan mroses data sing jumlahe gedhe.

Kanggo mesthekake bisnis broker real estate profesional, mung broker real estate sing bisa ngakses profil panggolekan.

Kanggo tujuan iki, broker real estate mbentuk kontrak karo operator portal pancocogan real estate.

Sawise pancocogan, broker real estate bisa ngubungi pihak kang tuku lan, kosok baline, calon investor ngubungi broker real estate. Iki uga nduweni arti, yen broker real estate wis ngirim kasenengan menyang calon pihak kang tuku, bukti kagiyatan utawa klaim broker real estate iki dicathet ing komisi bisnis broker yen sida dituku utawa disewa.

Iki artine, yen broker real estate ditugasi karo sing nduwe (pihak kang adol utawa tuan tanah) kanggo ngatur properti utawa nduwe izin kanggo nawakake properti.

6. Bidhang penerapan

Pancocogan real estate sing dijelasake ing kene diterapake kanggo tuku lan sewa properti ing sektor real estate perumahan utawa komersial. Fitur real estate liyane dibutuhake kanggo properti komersial.

Ing pemikirane calon langganan, kaya ing praktek biasane, broker real estate contone bisa tumindak minangka jenenge klien.

Minangka iku, portal pancocogan real estate bisa ditransfer menyang meh saben negara.

7. Keuntungan

Pancocogan properti iki nawakake keuntungan gedhe kanggo calon pihak kang tuku, contone yen dheweke nggoleki properti ing wilayahe (panggonan) utawa genti penggawean ing kutha/wilayah liyane.

Sampeyan cukup ngirim profil panggolekan sepisan lan nampa properti sing cocog saka agen real estate sing kerja ing wilayah sing sampeyan karepake.

Kanggo broker real estate, cara iki nawakake keuntungan gedhe ing perkara efisiensi lan hemat wektu kanggo adol utawa sewa.

Sampeyan bakal langsung nampa ringkesan potensi prospek nyata kanggo properti sing ditawakake dheweke.

Salajengipun, broker real estate bisa langsung nangani paguyuban target sing relevan, sing wis nggawe pengalaman nyata babagan properti sing digadhang-gadhang kanthi nggawe profil panggolekan (kalebu ngirim real estate).

Cara iki bakal ningkatake kualitas cathetan kontak wong-wong sing ngerti apa sing digoleki. Cara iki ngurangi jumlah tanggal pamriksaan sawise. Cara iki ngurangi total jangka wektu pemasaran real estate kang didol liwat broker.

Sawise pamriksaan real estate ditengahi karo pihak-pihak sing duwe kapentingan - kaya biasane - keputusan tuku utawa perjanjian nyewa kedadeyan.

8. Conto pangitungan (Potensi) - apartemen lan perumahan swasta (tanpa apartemen lan perumahan sing disewakake uga properti komersial)

Conto ing isor nampilake potensi portal pancocogan real estate.

Ing wilayah resapan banyu sing penduduke 250.000 wong, kaya kutha Monchengladbach, kanthi itungan statistik sing diwutuhne ana kira-kira 125.000 kaluwarga (2 warga per kaluwarga). Rata-rata tingkat relokasi 10% Dadi, 12.500 kaluwarga pindhah saben tahun. Keseimbangan antarane wong sing pindhah lan mlebu Monchengladbach ora dipitung. - Rata-rata 10.000 kaluwarga (80%) nggolek properti sewan lan kira-kira 2.500 kaluwarga (20%) nggolek properti kanggo dituku.

Miturut lapuran pasar lemah komite ahli kutho Monchengladbach, ing taun 2012 ana 2.613

properti sing dituku. - Jumlah iki mesthekake angka pihak sing tuku ing dhuwur sing cacahe 2.500. Jumlah iki bakal luwih akeh, amarga ora kabeh wong bakal nemokake propertine. Diperkirakake jumlah prospek nyata utawa jumlah profil panggolekan bakal tikel pindho saka rata-rata tingkat relokasi 10%, yaiku 25.000 profil panggolekan. Antarane iki kalebu, calon langganan sing nggawe saperangan profil panggoleakan ing portal pancocogan real estate.

Perlu dijelasake, miturut pengalaman, rata-rata separo saka kabeh pihak sing tuku (wong tuku lan nyewa) nemokake propertine liwat broker real estate, dadi total 6.250 kaluwarga.
Minimal 70% saka kabeh kaluwarga nggoleki portal real estate ing Internet, dadi totale 8.750 kaluwarga (cocog karo 17.500 profil panggolekan).

Yen 30% saka pihak sing duwe kapentingan, conto, 3.750 kaluwarga (pada karo 7.500 profil panggolekan) ing kutha kaya Monchengladbach, profil panggolekane kanggo portal pancocogan real estate (aplikasi app) bakal nggawe 1.500 profil panggolekan sing nyata (20%). Liwat 6.000 profil panggolekan sing nyata (80%) calon pihak kang nyewa nawakake real estate sing cocog.

Iki artine rata-rata jangka wektu panggolekan 10 wulan lan rega ideale 50 € saben wulan kanggo saben profil panggolekan sing digawe karo calon langganan, potensi tetukon kanggo 7.500 profil panggolekan kira-kira 3.750.000 € saben taun ing kutho sing penduduke 250.000 wong.

Nganggo pangitungan Republik Federal Jerman sing penduduke diwutuhake 80.000.000 (80 juta) wong, bisa ngasilake potensi tetukon € 1.200.000.000 (1,2 miliar €) saben taun. - Yen dudu 30% saka pihak-pihak sing duwe kapentingan, nanging 40% saka kabeh calon langganan sing nggolek properti liwat porta pancocogan real estate, potensi tetukon nambah dadi 1.600.000.000 € (1,6 miliar €) saben taun.

Potensi turnover iki mung kanggo apartemen lan perumahan swasta. Properti sewan lan / utawa kasil ing sektor real estate perumahan uga kabeh sektor real estate komersial ora dikatutake ing pangitungan potensi iki.

Ing kasus kira-kira 50.000 perusahaan Jerman ing bidhang bisnis broker real estate (kalebu perusahaan konstruksi, pedagang real estate, lan perusahaan real estate liyane) sing duwe pegawe kira-kira 200.000 wong lan saham ideal, 20% saka 50.000 perusahaan iki nggunakake portal pancocogan real estate iki karo rata-rata 2 lisensi. Potensi turnover 72.000.000 € (72 juta €) saben taun ing rega ideal saben lisensi 300 € saben wulan. Sakliyane iku, pesenan regional kudu digawekake kanggo profil panggolekan, supaya tambahan potensi pendapatan bisa dikasilake ing kene, miturut desain.

Broker real estate ora kudu nganyari database kasenengane - yen ana - liwat potensi gedhe saka pihak-pihak sing seneng karo profil panggolekan tartamtu. Utamane amarga jumlah profil panggolekan saiki bisa ngluwihi jumlah profil panggolekan sing digawe karo saperangan broker real estate ing database dheweke.

Yen portal real estate inovatif iki bakal digunakake ing saperangan negara, conto, calon pihak kang tuku saka Jerman bisa nggawe profil panggolekan kanggo apartemen khusus kanggo preian ing kepulauan Mediterania Mallorca (Spanyol), lan agen real estate sing kesambung menyang Mallorca bisa ngenalake apartemen sing cocog kanggo calon langganane wong Jerman. Yen terjemahan exposess iki ditulis ing basa Spanyol, saiki wong-wong sing seneng ing Internet bisa njarwakake teks ing basa Jerman nganggo pitulungan program terjemahan.

Supaya bisa nyocogake profil panggolekan lan real estate sing bakal diadol liwat broker, karakteristik pancocogan bisa dicocogake adhedhasar program karateristik (matematika) - basa bebas - ing sajrone portal pancocogan real estate.

Nalika nggunakake portal pancocogan real estate ing kabeh benua, potensi sing disebutake ing dhuwur kanggo wong kang adol (mung peneliti) bakal diwakili karo pangitungan sing paling sedherhana kaya ing isor.

Populasi ndonya:
7.500.000.000 (7.5 miliar) penduduk

1. Populasi ing negara industri lan negara industri sing paling amba:
2.000.000.000 (2.0 miliar) penduduk

2. Penduduk ing negara sing cepet maju:

4.000.000.000 (4.0 miliar) penduduk

3. Penduduk ing negara sing lagi berkembang:

1.500.000.000 (1.5 miliar) penduduk

Potensi turnover saben taun Republik Federal Jerman kira-kira 1,2 miliar €, penduduk 80 juta sing dikonversi menyang industri, wates lan negara-negara sing lagi berkembang miturut faktor ing isor.

1. Negara-negara industri   1.0

2. Pasar negara sing cepet maju: 0.4

3. Negara-negara berkembang   0.1

Iki ngasilake potensi turnover saben taun (1,2 miliar€ x populasi (negara industri, cepet maju, utawa lagi berkembang) / 80 juta penduduk x faktor).

1. Negara-negara industri   30,00 miliar €

2. Pasar negara sing cepet maju: 24,00 miliar €

3. Negara-negara berkembang   2,25 miliar €

Total: **56,25 miliar €**

9. Kesimpulan

Portal pancocogan real estate iki nawakake keuntungan gedhe kanggo pihak kang nduweni properti (calon pihak kang tuku) lan broker real estate.

1. Calon langganan bener-bener bisa ngurangi wektu nggoleki properti sing cocog, amarga calon langganan mung nggawe profil panggolekane sepisan.

2. Broker real estate iku nampa ringkesan jangkep jumlahe prospek sing wis nyata (profil panggolekan).

3. Pihak sing duwe kapentingan mung nampa real estate sing dikarepake utawa cocog (miturut profil panggolekan) sing diwenehno karo kabeh broker real estate (milih dhisek kanthi otomatis).

4. Broker real estate ngurangi upayane njaga database kanggo profil panggolekan, amarga profil panggolekan sing saiki kasedhiya kanthi permanen jumlahe ageng.

5. Amarga mung broker komersial/real estate sing nyambung menyang portal pancocogan real estate iki, calon pihak kang tuku kudu urusan karo broker real estate profesional lan pengalaman.

6. Broker real estate ngurangi jumlah ngendangi lan total wektu kanggo masarke. Kasile, jumlah tanggal kunjungan lan wektu nganti keputusan tuku utawa perjanjian sewa iku dikurangi.

7. Pihak kang nduweni properti sing bakal didol lan disewakake uga hemat wektu. Salajengipun, tingkat kekosongan properti sewa sing luwih sithik lan pembayaran tetukon sadurunge ing

kasus tetukon properti liwat sewa utawa tetukon sing luwih cepet iku uga dadi keuntungan finansial.

Kanthi realisasi utawa penerapan pikiran pancocogan real estate iki, bisa digayuh kemajuan sing penting ing mediasi real estate.

10. Integrasi pancocogan portal real estate ing sajrone prangkat lunak broker real estate anyar kalebu penilaian real estate

Kanggo ngrampungake, portal pancocogan real estate sing dijelaske ing kene bisa utawa kudu dadi komponen anyar utama - biasane migunani - prangkat lunak real estate. Iki artine broker real estate bisa nggunakake portal pancocogan real estate sakliyane prangkat lunak broker real estate utawa prangkat lunak real estate anyar kalebu portal pancocogan real estate.

Kanthi integrasi portal pancocogan real estate sing efisien lan inovatif iki ing sajrone prangkat lunak broker real estate, fitur dhasar real-time bakal digawe kanggo prangkat lunak broker real estate, sing bakal penting banget kanggo nembus pasar.

Amarga penilaian properti tetep dadi bagian utama manajemen real estate, alat penilaian real estate kudu digabungke ing sajrone prangkat lunak broker real estate. Penilaian real estate nganggo program komputer sing relevan bisa ngakses data/parameter sing relevan saka properti sing dilebokake/digawe broker real estate liwat sesambungan. Yen perlu, broker real estate nambahi parameter regional sing ilang liwat transparansi pasar regionale broker dhewe.

Kajaba iku, prangkat lunak broker real estate kudu bisa nggabungake sing arane babak real estate virtual properti sing bakal diadol liwat broker. Perkara iki bisa, contone, diterapake ing cara sing sedherhana, aplikasi tambahan (aplikasi) dikembangke kanggo ponsel lan/utawa tablet, sawise integrasi babak real estate virtual digabungke ing sajrone prangkat lunak broker real estate.

Angger portal pancocogan real esatate sing efisien lan inovatif digabungake ing sajrone prangkat lunak broker real estate sing anyar lan penilain real estate, potensi adol nambah akeh maneh.

Matthias Fiedler

Korschenbroich, 31.10.2016

Matthias Fiedler

Erika-von-Brockdorff Street 19

41352 Korschenbroich

Jerman

www.matthiasfiedler.net